나만의 텃밭 가꾸기

Le potager Rocambole

Co-written by Luc Bienvenu, Laurent Houssin

Illustrated by Laurent Houssin

Copyright © Futuropolis, Paris / 2021

All rights reserved

Korean translation copyright © 2023 CHUNG-A PUBLISHING CO.

This Korean translation is published
by arrangement with Editions Casterman s.a. through Greenbook Literary Agency.

이 책의 한국어판 저작권과 판권은 그린북저작권에이전시영미권을 통한 저작권자와의
독점 계약으로 청아출판사에 있습니다. 저작권법에 의해 한국 내에서
보호를 받는 저작물이므로 무단 전재와 무단 복제, 전송, 배포 등을 금합니다.

나만의 텃밭 가꾸기

처음 텃밭을 만드는
모든 사람을 위한 그림책

내 작은 텃밭,
어떻게 시작할까요?

뤽 비엥브뉘, 로랑 우쌩 지음 · 로랑 우쌩 그림
이정주 옮김

청아출판사

나의 자녀들에게.
한스요르그에게.

뤽 비엥브뉘

나의 소중한 사람, 엘리즈에게 이 책을 바칩니다.
그녀가 없었다면 불가능했을 것입니다.
주말과 공휴일에도 도와준 제나이드에게 감사합니다.
세실과 프레드의 우정에 감사합니다.
신중하게 지켜봐 주는 래티시아와 세드릭에게 감사합니다.
이 책을 마칠 수 있게 도와 준 모르방디오와 스펠레오그라피 협회에 감사합니다.
변함없이 믿어 주는 알랭 다비드에게 감사합니다.

로랑 우쌩

서문

로캉볼의 정원은 프랑스에서 가장 아름다운 정원 중 하나로, 프랑스 문화부로부터 '주목할 만한 정원' 인증을 받았습니다. 로캉볼의 정원은 채소를 재배하고, 예술과 놀이를 즐기며, 연수를 하고, 잊지 못할 멋진 견학을 할 수 있는 곳이지요. 살아 있고 늘 변하는 정원입니다. 유기적이고 친환경적이면서 아름답습니다.

뤽은 아름답고, 감정을 불러일으키고, 관찰하고 발견하고 싶고, 상상력을 자극하고, 무엇보다 일 년 내내 각종 채소를 풍부하게 생산하는 정원을 꿈꿉니다. 쓸데없는 노력과 낭비를 하지 않고서요. 뤽은 텃밭에 매여 온종일 시간을 보내느라, 바캉스나 외출도 못 하는 일은 있을 수 없다고 생각합니다. 뤽은 텃밭 가꾸기 외에 연극, 그림과 축제도 좋아합니다.

뤽은 상치되어 보이는 것을 절충하기 위해 쉴 새 없이 반복하는 것이 있습니다. 간단하면서 검증된 방법으로 효과적으로 일하는 것입니다. 비용을 줄이고, 시간과 자원, 지구의 자원을 아끼기 위해서 말입니다. 그리고 미리 계획하고, 실용적으로 정확하게 일하는 것입니다. '퍼머컬처' 얘기는 하지 마세요. 뤽은 이 단어를 저만큼이나 싫어합니다. 농학적인 지식, 엄격한 과학과 실용주의보다 교조주의와 궤변이 앞서는 모호한 단어거든요. 물론 정원이나 텃밭을 가꿀 때는 토양 속, 토양 위, 공중에 있는 생명, 생물 다양성과 자연에 도움을 청하지만, 뤽은 자연적으로 되기를 바라기보다 인위적인 간섭이 필요하다고 주장합니다. 불간섭의 대척점에 있지요. 자연은 어질고, 관대하고, '잘 만들어진' 어머니입니다. 그런데 잘 생각해 보면 민달팽이, 비둘기나 들쥐보다 인간에게 더 맞을 필요는 없지요. 뤽은 상상하고, 꿈꾸기를 좋아하지만, 순진한 낙관주의자가 아닙니다. 뤽은 재배자가 먹거리를 풍성하게 생산하고 수확하도록 개입하되, 간단한 방법을 써야 한다고 주장합니다. 퍼머컬처에서 말하는 두둑 만들기, 라자냐처럼 층 쌓기, 퇴비차, 바이오 숯 혹은 미생물 뿌리기처럼 쓸데없이 복잡한 방법은 지양하지요. 저도 같은 생각입니다. 유기적이고, 친환경적이면서, 집약적으로 친환경적인 접근을 찬성합니다.

뤽은 25년 동안 유기농 채소 생산자로서 경험을 쌓았습니다. 정확성과 현실 감각이 없었다면 채소 생산자를 시작한 첫해에 그만뒀을지도 모릅니다. 우리는 서로 안 지 오래되었지만, 저는 이 만화를 통해 뤽이 채소 생산자에서 시작해 1980년대부터 채소 바구니를 판매하다 로캉볼의 정원을 세우기까지의 여정을 재발견할 수 있었습니다. 뤽과의 만남은 늘 자극적이고 때로는 기존 생각을 뒤흔들어 놓습니다. 여러분도 로랑 우쎙의 만화를 보면서 이 같은 사실을 알 수 있을 것입니다. 저는 뤽 덕분에 관점과 행동을 바꾸고 다양한 생각을 할 수 있었습니다. 기존 관념을 뒤흔들고 이론의 여지가 있는 것을 받아들이기란 쉽지 않습니다. 그렇지만 건강에는 좋지요. 프랑스의 유명한 유머 작가 피에르 데프로즈의 말처럼 '생각을 연다고 두개골이 깨지는 것은 아닙니다.'

지금 저는 40년 전에 클로드 오베르, 장 폴 토레즈와 여러 저명한 선구자의 책을 통해 유기농 텃밭을 처음 알게 됐을 때처럼 텃밭 가꾸기를 하고 있지는 않습니다. 뤽은 제게 영향을 줬고, 그 반대도 맞을 것입니다. 뤽은 제게 현실적으로 엄격하게 말했는데, 제가 농업 협회와 렌 대학에서 배운 생태학, 농학과 토양학 지식을 매정하게 뒤흔들어 놓았지요. 예를 들어 저는 늘 지렁이를 중요하게 생각했습니다. 토양을 비옥하게 해 주는 일꾼으로 재배자에게 도움을 주는 조수인데, 경운 때문에 해를 당한다고 생각했거든요. 그러나 뤽의 대답은 달랐습니다. "그렇지만 우리는 채소를 재배하는 것이지, 지렁이를 키우는 게 아닙니다. 그러니까 파종하고 모종을 심기 위한 경운은 해야 합니다!"

이 책을 통해 뤽의 이야기를 따라가다 보면, 여러분도 알고 있던 유기농 작물 재배 방법에 대해 스스로 질문하게 될 것입니다. 그중에 몇몇 방법은 시대에 뒤진 지식과 방법에서 나온 것일 수도 있고, 또 다른 방법은 근거 없는 유행을 따랐을지도 모르니까요. 여러분도 재미나면서 교육적이고, 전혀 지루하지 않은 이 만화를 통해 자극을 받고, 풍부한 지식을 얻으며, 신선함과 새로운 힘을 얻기를 바랍니다.

드니 페팽

친환경 유기농법 재배자이자 교육자, 저자, 기자

큰 논은 작은 갈퀴질에서 시작된다.

노자

시즌 1
탐험

우리 둘은 1999년 렌 지역의 다른 채소 생산자 두 명과 협력해 공동 생산하고 직접 판매를 시작했어. 유기농 작물 바구니를 주당 350개까지 공급했지. 여럿이 모이니까 효과가 훨씬 좋았어.

일을 너무 거추장스럽게 하지 말기!

상식을 발달시키고 연마하기!

자기 직관을 따르기!

선편승 입견 효과

그러니까 간단히 말해서

텃밭은 굴곡진 내 삶에 식물이 들어온 거야.

부식질 상태의 예술이고, 내 발밑 작은 생명과의 만남이야.

갈퀴를 잡아! 사다리를 놓는다!

일단 재배 공간에 유기농 지표 식물이 자리 잡으면, 식물의 밀도와 피복률을 정확히 계산해야 해.

재배 공간의 '잡초' 목록이 잘 작성되면 토양의 성질을 분석할 수 있어.

확실한 몇 가지 예

왕질경이, 돌소리쟁이, 가는미나리아재비가 주로 있으면 나쁜 농경법(흙 다지기, 너무 습한 경작, 가축 과밀 방목 등)을 써서 토양에 물이 지나치게 많다는 거야.

개망초, 샹카푸스피, 민들레, 냉이가 있으면 토양 표면이 딱딱하게 굳어 있거나 너무 무거운 중장비 사용으로 땅을 압밀해서 토양 속에 공기가 부족한 거야.

러브풍로초, 갈퀴덩굴, 서양톱풀이 있으면 토양에 화석화되고, 쉽게 분해되지 않는 유기 탄소 물질(숙성 퇴비 과잉, 나무 과잉)이 지나치게 많다는 거야.

새로운 과학은 모두 그 효력을 증명해야 해. 이 과학은 조심스럽게 살펴봐야 해서 채소 재배자가 급하게 너무 서둘러서 단정 지은 해결책을 따르면, 자기 토양을 이해하기가 어려워.

이 과학은 텃밭이 태어나는 과정을 찬찬히 관찰하는 도구일 뿐이야.

실제로 채소 재배자는 경작을 시작하자마자 때로는 빠르게 토양 상태를 달라지게 해. 그래서 텃밭에서 자연적으로 자라는 식물상도 달라지게 하지.

채소 재배자는 좋은 농경법을 써서 좋은 토양에서 식물상이 '잡초'로 변하는 것을 보게 돼. 이 잡초는 토양이 비옥하고, 집약적으로 친환경적이며, 다공성이 좋다는 것을 보여 줘.

여긴 정말로 마음에 들어!

쩝쩝!! 쩝쩝!!

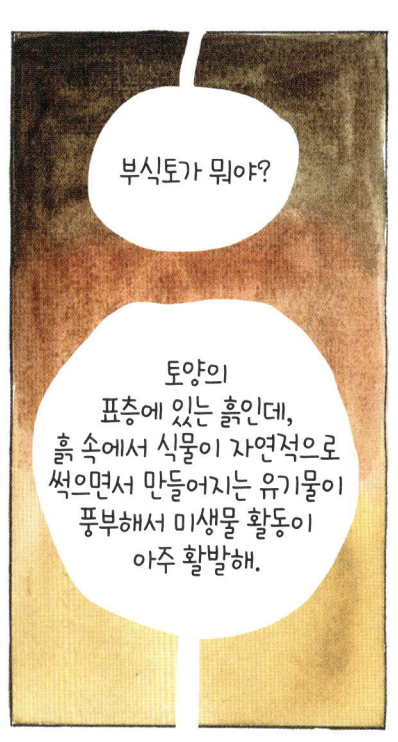

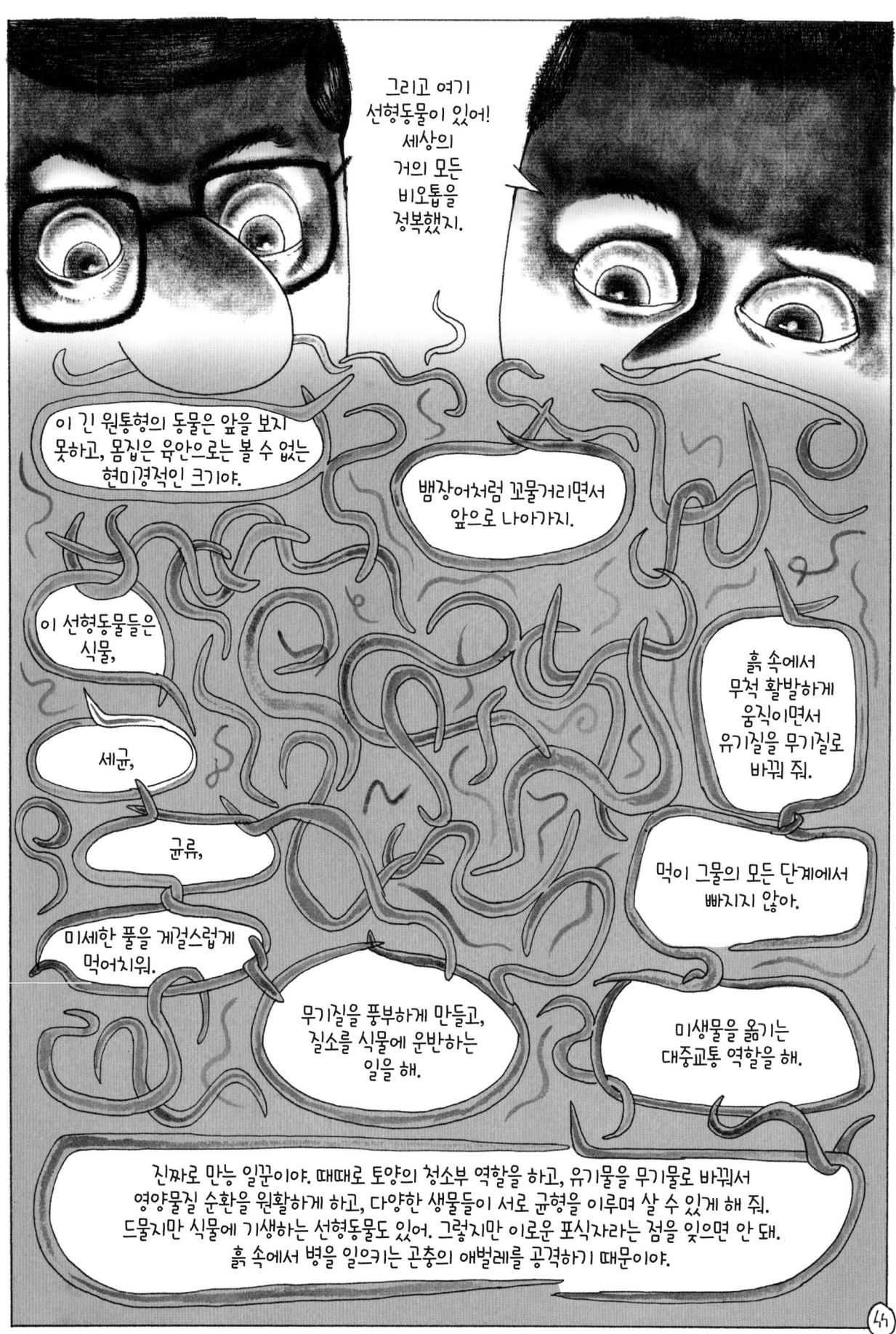

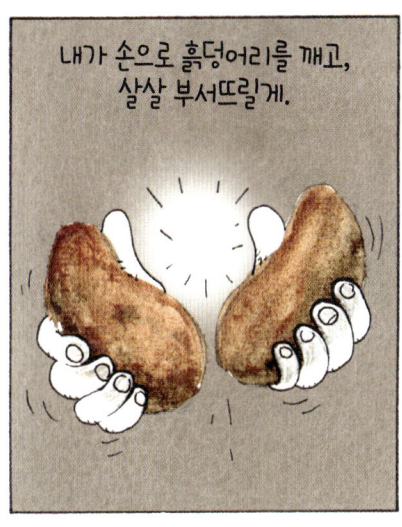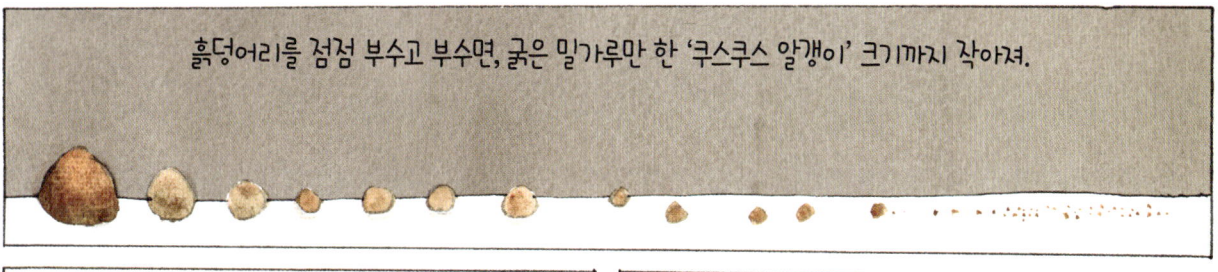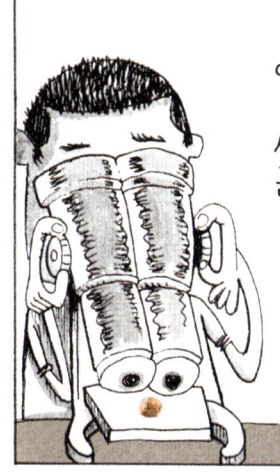

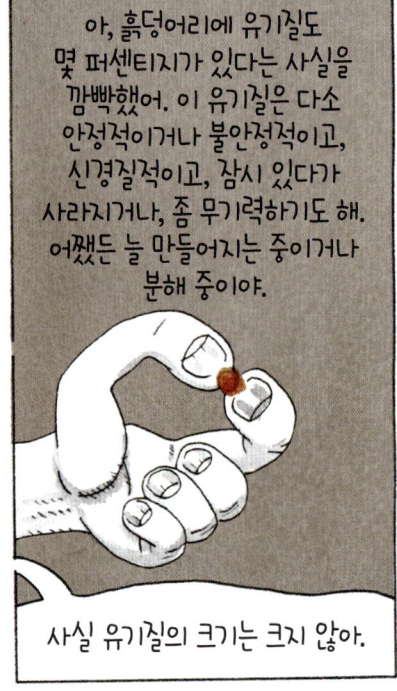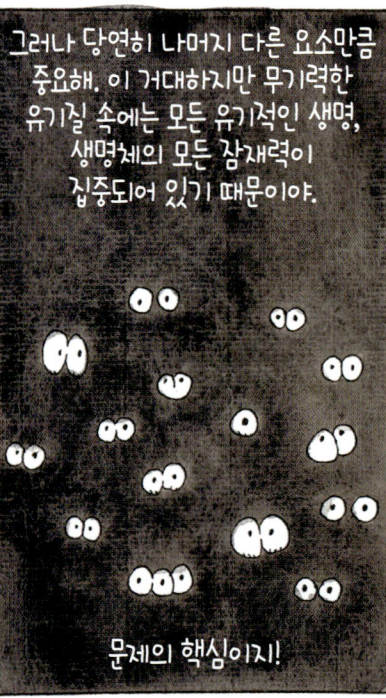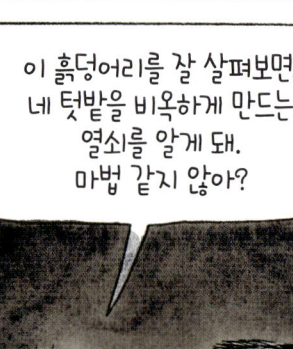

토양에는 늘 자갈, 모래, 진흙, 점토와 같은 미세하고 다양한 광물질 알갱이가 뒤섞여 있고,
이 알갱이 중에 어떤 것들은 특징이 강해서 눈에 띄어.

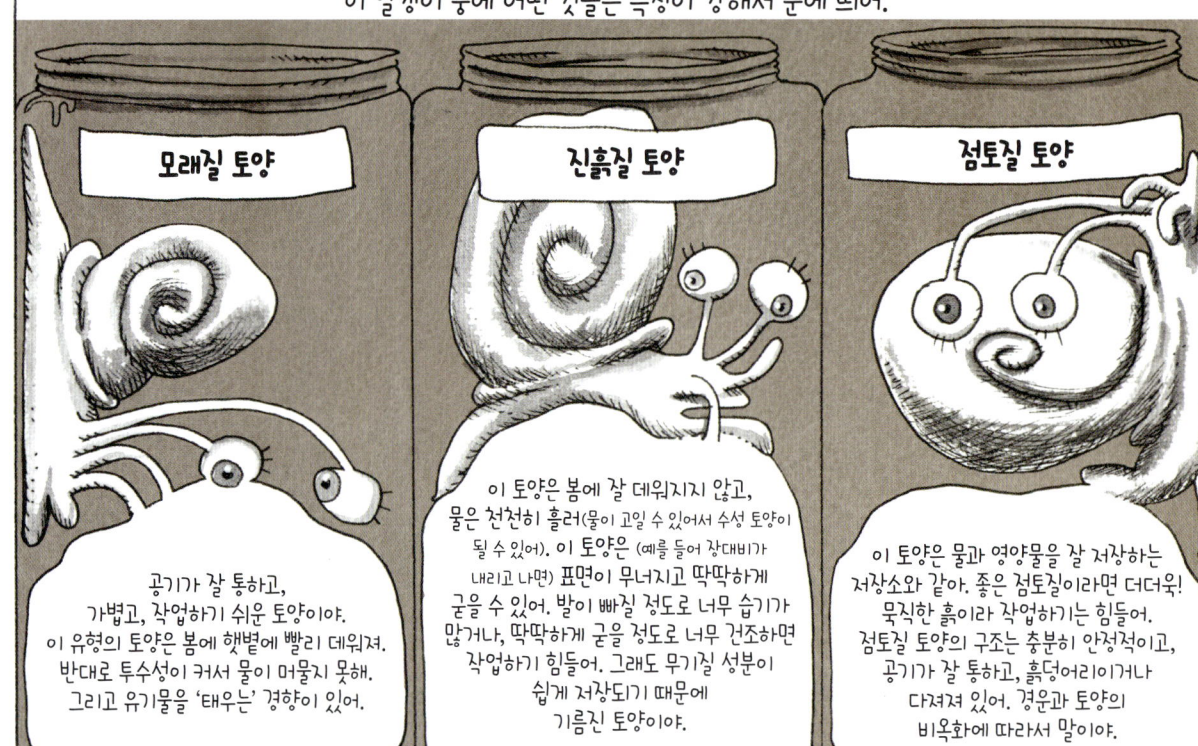

모래질 토양

공기가 잘 통하고, 가볍고, 작업하기 쉬운 토양이야. 이 유형의 토양은 봄에 햇볕에 빨리 데워져. 반대로 투수성이 커서 물이 머물지 못해. 그리고 유기물을 '태우는' 경향이 있어.

진흙질 토양

이 토양은 봄에 잘 데워지지 않고, 물은 천천히 흘러(물이 고일 수 있어서 수성 토양이 될 수 있어). 이 토양은 (예를 들어 장대비가 내리고 나면) 표면이 무너지고 딱딱하게 굳을 수 있어. 발이 빠질 정도로 너무 습기가 많거나, 딱딱하게 굳을 정도로 너무 건조하면 작업하기 힘들어. 그래도 무기질 성분이 쉽게 저장되기 때문에 기름진 토양이야.

점토질 토양

이 토양은 물과 영양물을 잘 저장하는 저장소와 같아. 좋은 점토질이라면 더욱이! 묵직한 흙이라 작업하기는 힘들어. 점토질 토양의 구조는 충분히 안정적이고, 공기가 잘 통하고, 흙덩어리이거나 다져져 있어. 경운과 토양의 비옥화에 따라서 말이야.

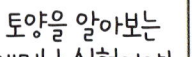

염산을 이용한 실험

토양을 알아보는 재미난 실험이야!

사용 가능한 칼슘이 있는지 알아보는 거지!

추출한 흙 샘플에 염산을 조금 부어 봐.

아무 반응이 없고, 부글부글 끓지 않으면 토양에 활성 석회암이 부족하다는 거야. 그러면 거친 석회암 형태로 텃밭에 뿌려 주면 돼(비나 눈에 씻겨 없어지지 않게 늦겨울에 뿌리면 좋아).

'평균적인' 반응이면 토양에 칼슘이 있다는 뜻이야. 칼슘은 2~3년마다 투여하면 될 거야.

부글부글 끓으면, 석회암이 부족하지 않다는 거야. 자연적으로(지역의 지질 구조상) 석회질이거나, 이미 개선이 되었기 때문이야.

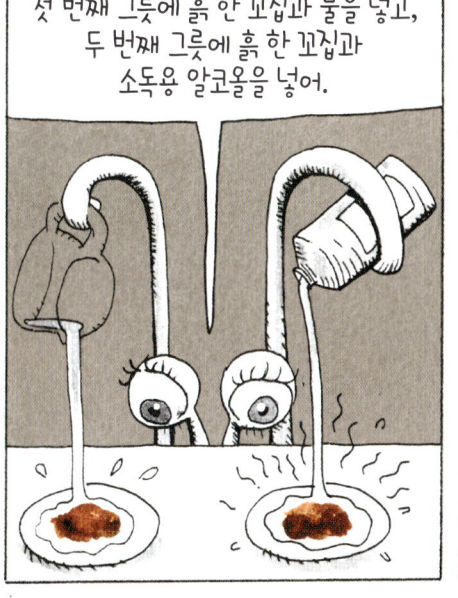

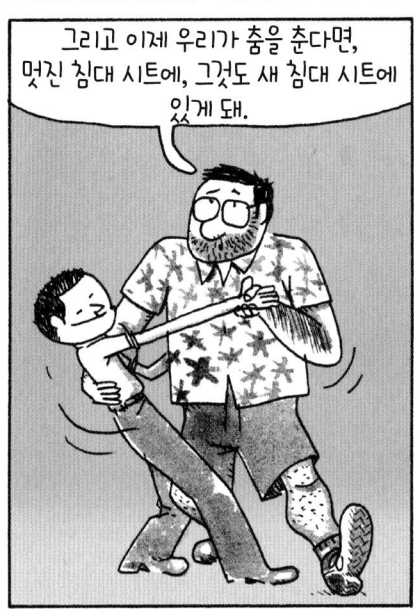

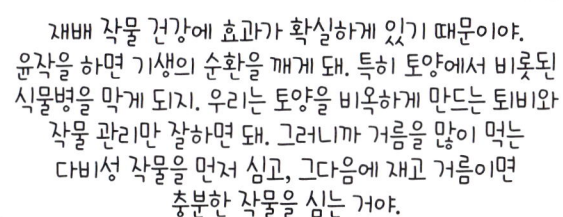

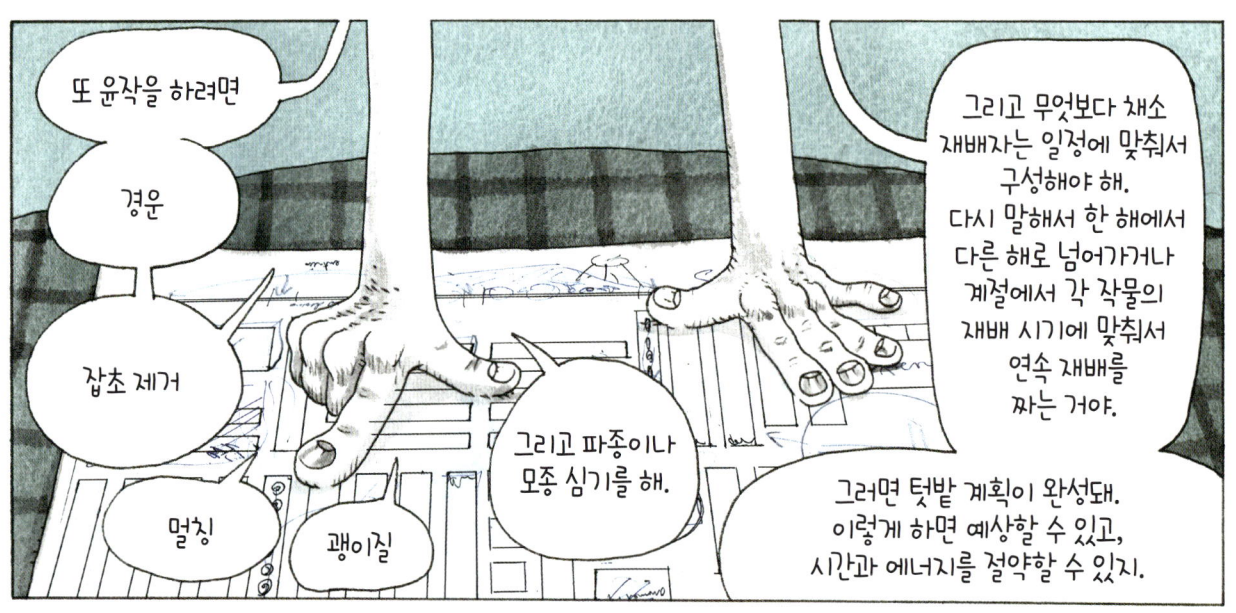

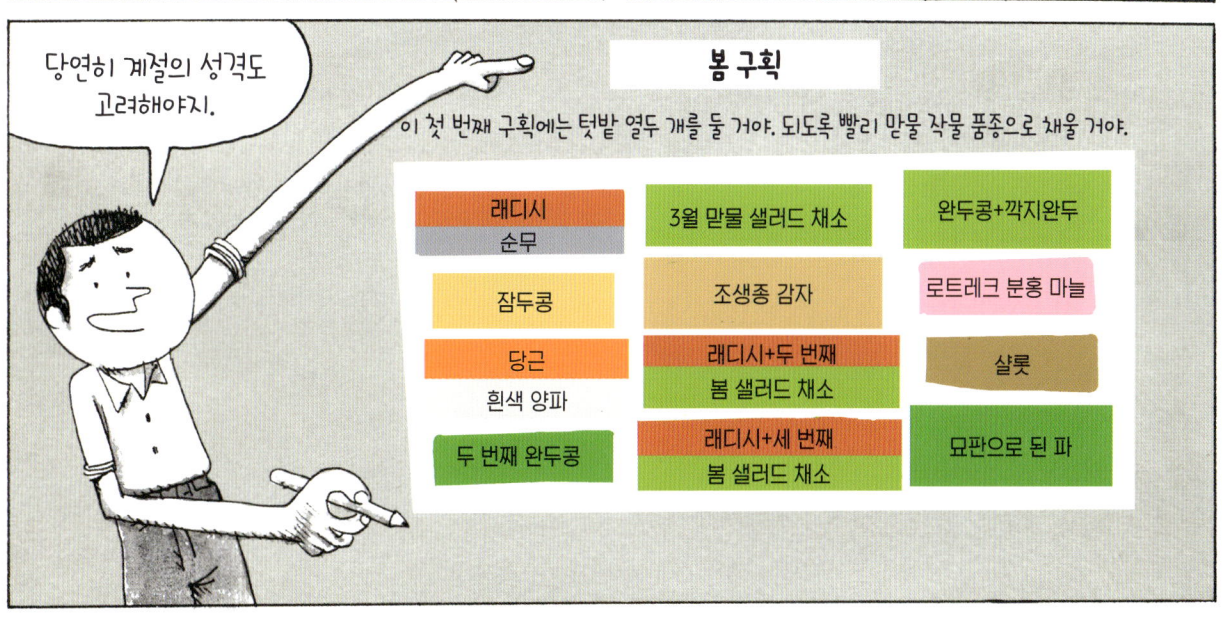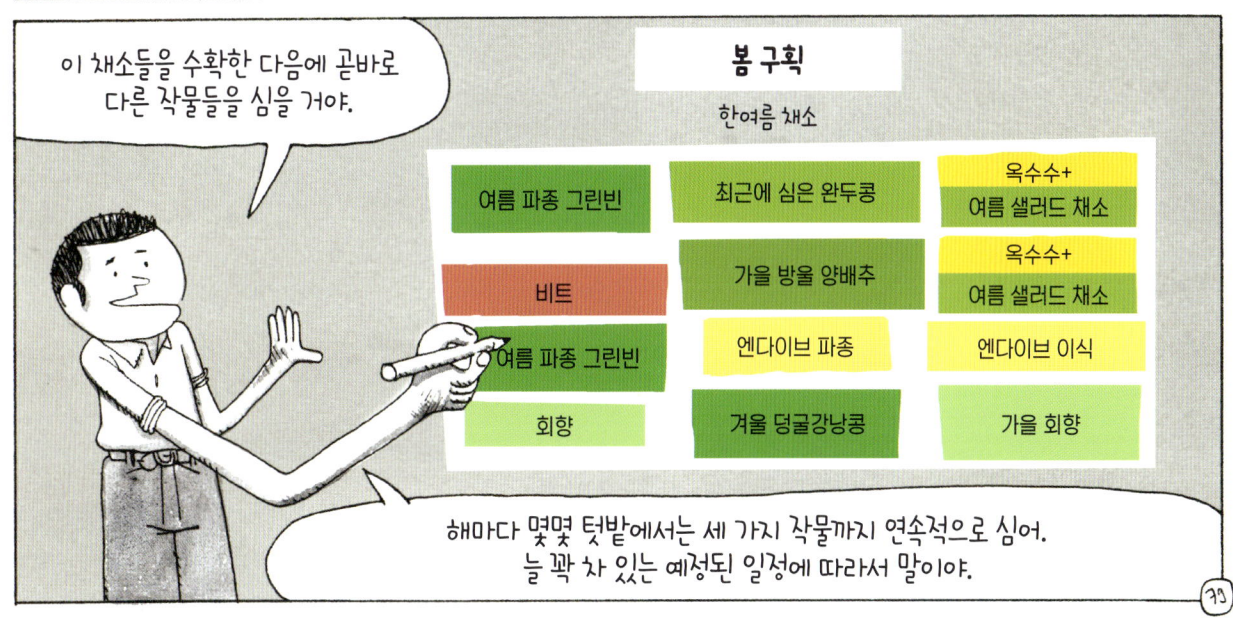

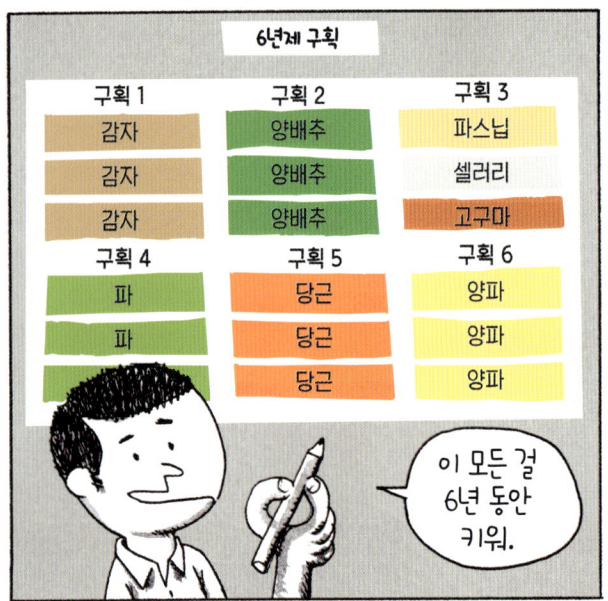
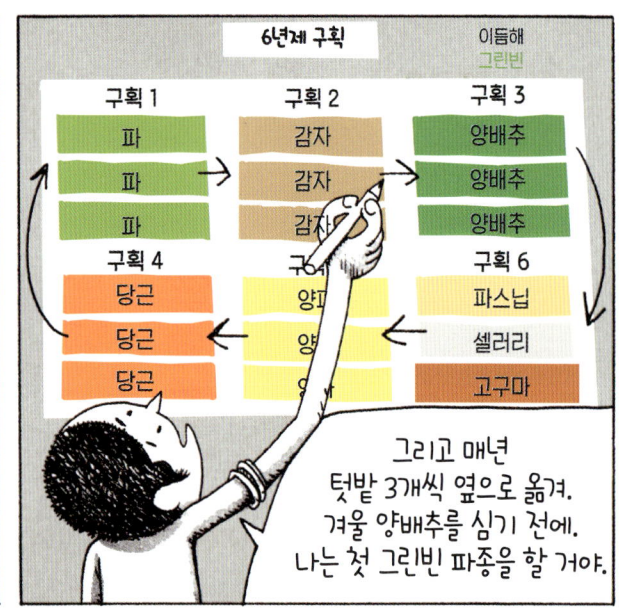

시즌 2
돌아옴

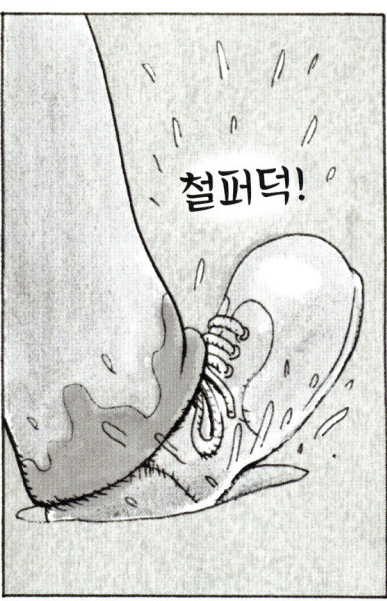

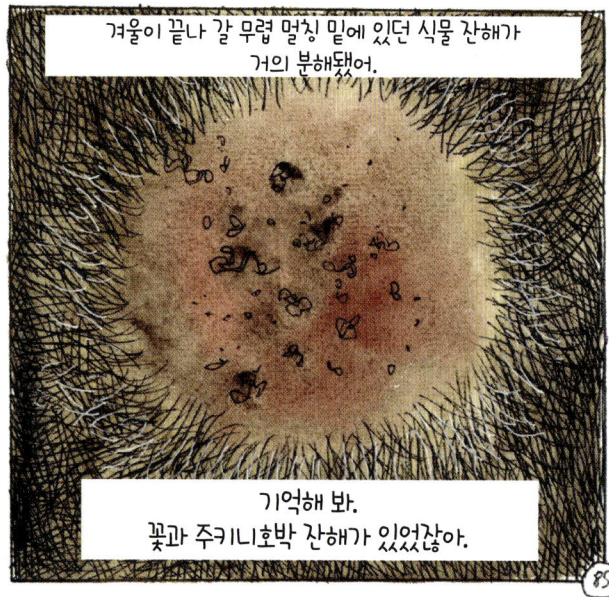

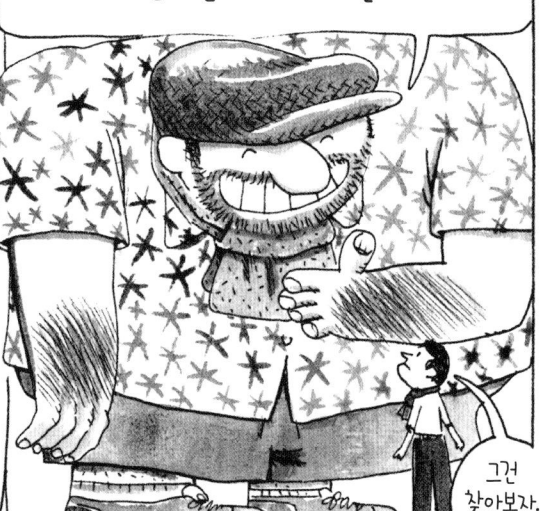

제일 먼저 내가 가장 좋아하는 농기구

쇠스랑
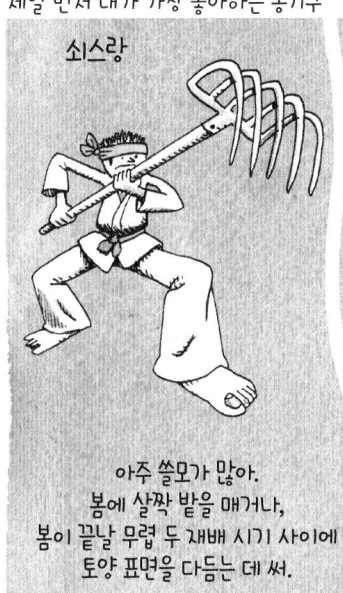
아주 쓸모가 많아. 봄에 살짝 밭을 매거나, 봄이 끝날 무렵 두 재배 시기 사이에 토양 표면을 다듬는 데 써.

이가 벌어진 정원 포크도 좋아해. 토양을 완전히 혹은 제한적으로 깊이 파헤칠 때 써.

손잡이 길이는 서서 일하기에 편하거나, 텃밭을 전체적으로 다룰 정도면 좋아.

나는 '캉파뇰'을 점점 자주 써.

손잡이는 두 개이고, 두 개의 정원 포크가 연결된 농기구야. 토양에 구멍을 내고, 두 포크의 이가 맞부딪치면서 흙더미를 부서뜨려. 흙을 뒤집지 않고 빠르게 다듬을 수 있어서 힘이 덜 들어.

전통적인 미국 갈퀴는 파종과 모종 심기를 하기 전에 토양을 평평하게 다듬는 데 써.

제초 작업은 전통적으로 써 온, 믿을 만한 세 가지 농기구를 써.

제초용 호미

맨 처음 제초 작업을 할 때 아주 편해. 텃밭에서 고랑과 고랑 사이에 있는 까다로운 잡초를 제거할 때 필요해.

괭이

튼튼하고, 예리하고, 가벼워서 김을 매거나 흙을 덮을 때, 고랑과 고랑 사이의 토양을 부드럽게 만들고 유지하는 데 써.

세발쇠스랑
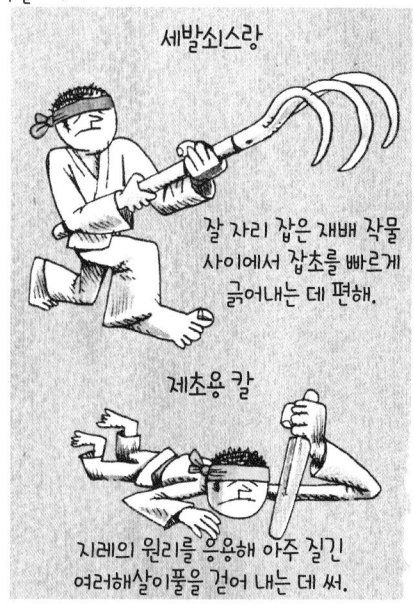
잘 자리 잡은 재배 작물 사이에서 잡초를 빠르게 긁어내는 데 편해.

제초용 칼
지레의 원리를 응용해 아주 질긴 여러해살이풀을 걷어 내는 데 써.

"이 세 가지 농기구는 되도록 서서 작업할 수 있도록 손잡이가 충분히 길어야 해."

"허리가 아프지 않게?"

응. 그리고 괭이와 제초용 호미는 너비가 달라서 고랑과 고랑 사이의 폭에 맞춰서 써.

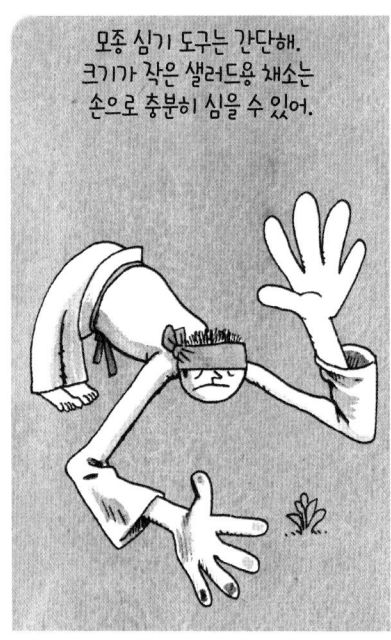

모종 심기 도구는 간단해. 크기가 작은 샐러드용 채소는 손으로 충분히 심을 수 있어.

모종삽

굵은 흙덩이나 토마토, 주키니호박 종류의 모종을 들 거나 여러해살이 채소나 꽃모종을 들 수 있을 정도로 튼튼해야 해.

뾰족한 모종삽

파, 치커리, 엔다이브 모종을 이식할 때 써.

그 밖에도 쓰임새가 다양하고, 독특한 농기구들이 있는데, 나한테는 꼭 필요한 것들이야.

잎 청소용 갈퀴

이가 많아서 다양한 식물의 잔해를 빠르게 그러모을 수 있어.

퇴비용 포크

다양한 멀칭과 작물 잔해를 빠르게 그러모으는 데 쓰고, 퇴비 더미를 쌓아 올리거나 원하는 만큼 펼치는 데 사용해.

모래 삽

무겁거나 가루 형태의 재료를 손수레에 실을 때 꼭 필요해.

손잡이가 충분히 긴 것으로 써야 해. 지레의 원리를 응용해서 무릎을 써서 일하기 때문에 몸에 맞는 길이로 골라.

고랑을 만드는 농기구

시간을 절약하고 정확하게 작업하기 위해서, 파종이나 모종 심기를 위해 고랑을 표시하는 데 써. 너비를 조절할 수 있으면 좋아.

끝이 편평한 정원용 괭이

이 무거운 농기구는 토양 표면에서 채소 가장자리에 난 지저분한 풀을 걷어 내는 데 써. 특히 억센 잡초를 없앨 때 필요해.

삽

항상 필요한 농기구야. 경운이 아니라 여러해살이 식물을 나누고, 다양한 관목과 작은 열매와 과일나무를 심는 데 써.

외바퀴 손수레

운반할 때 써. 튼튼해야 하고, 잘 굴러가야 하며, 넉넉히 담을 수 있는 부피여야 해.

분무기

나는 5리터짜리 자동 압축 분무기 두 개를 써.

가위, 재단기, 낫

자르기 도구야. 풀을 베는 데, 특히 재배 작물의 잔해를 치우는 데 써.

전지용 가위

곁가지를 자르는 데 쓰는 간편한 도구야.

칼

휴대용 만능 칼이야. 단단하고 예리한 것이 좋아.

"이런 농기구를 갖추지 않으면 죽은 재배자란다, 제자야."

"네, 스승님."

"농기구는 자기한테 맞는 것으로 써야 해."

습관

색깔

"각자 작업의 편리함을 따져서 말이야."

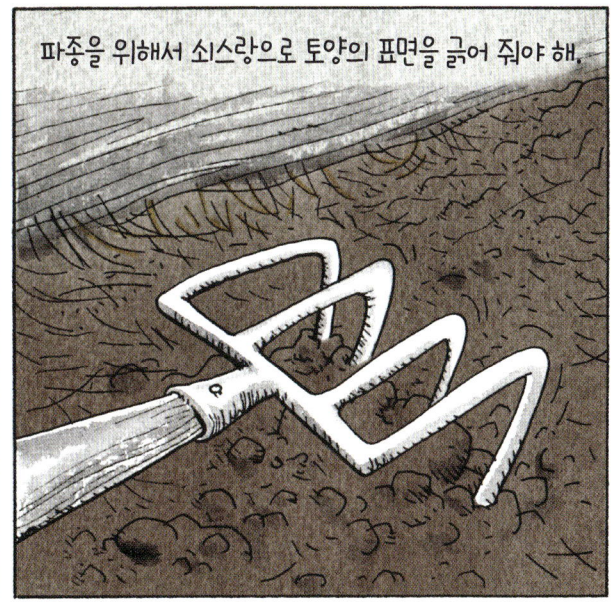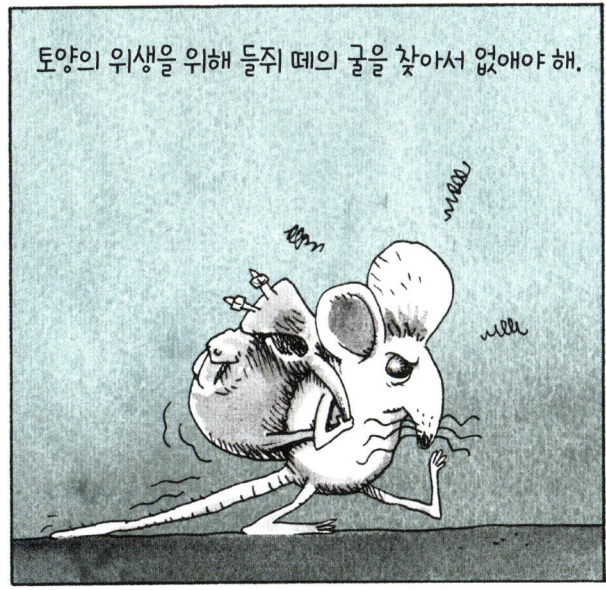

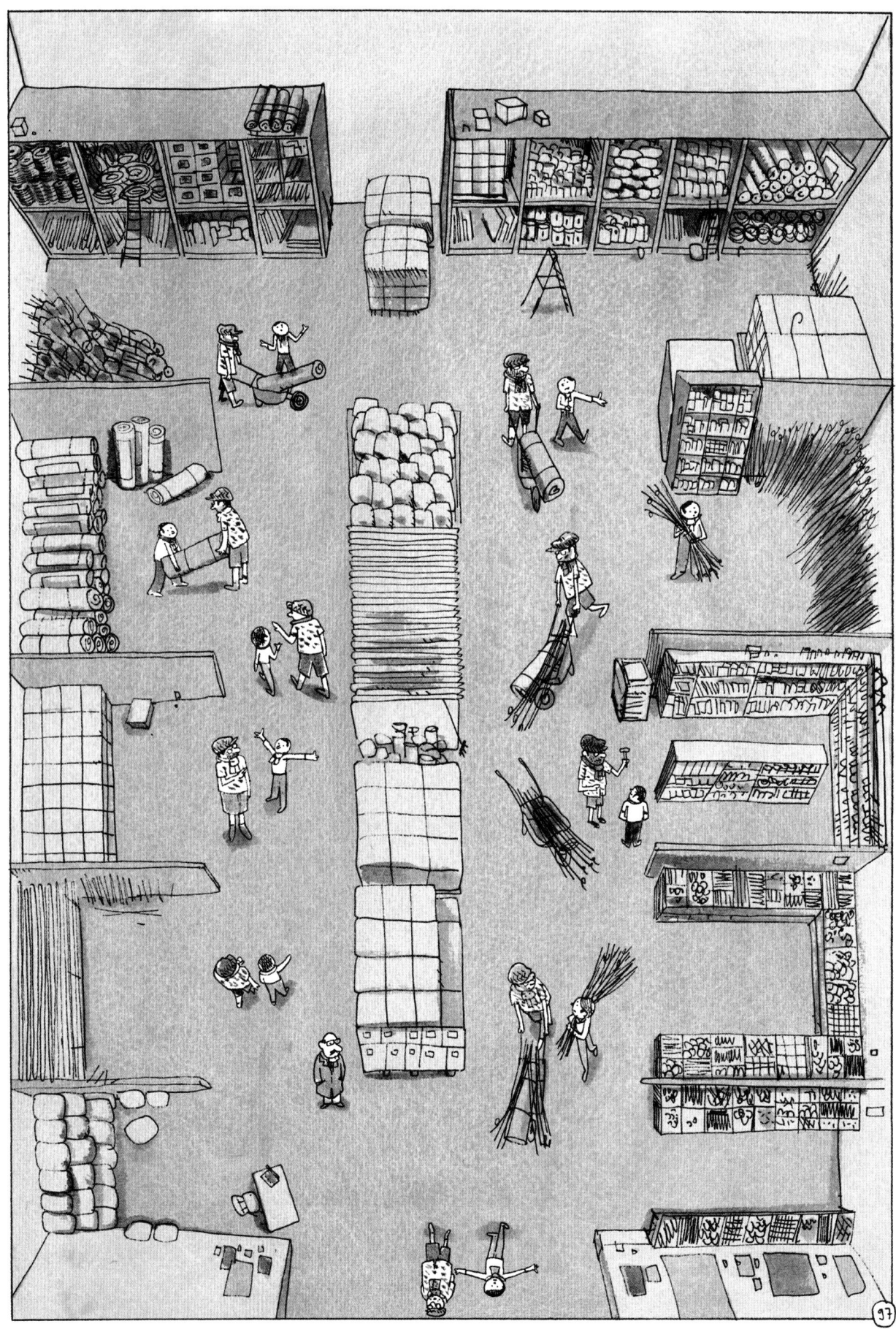

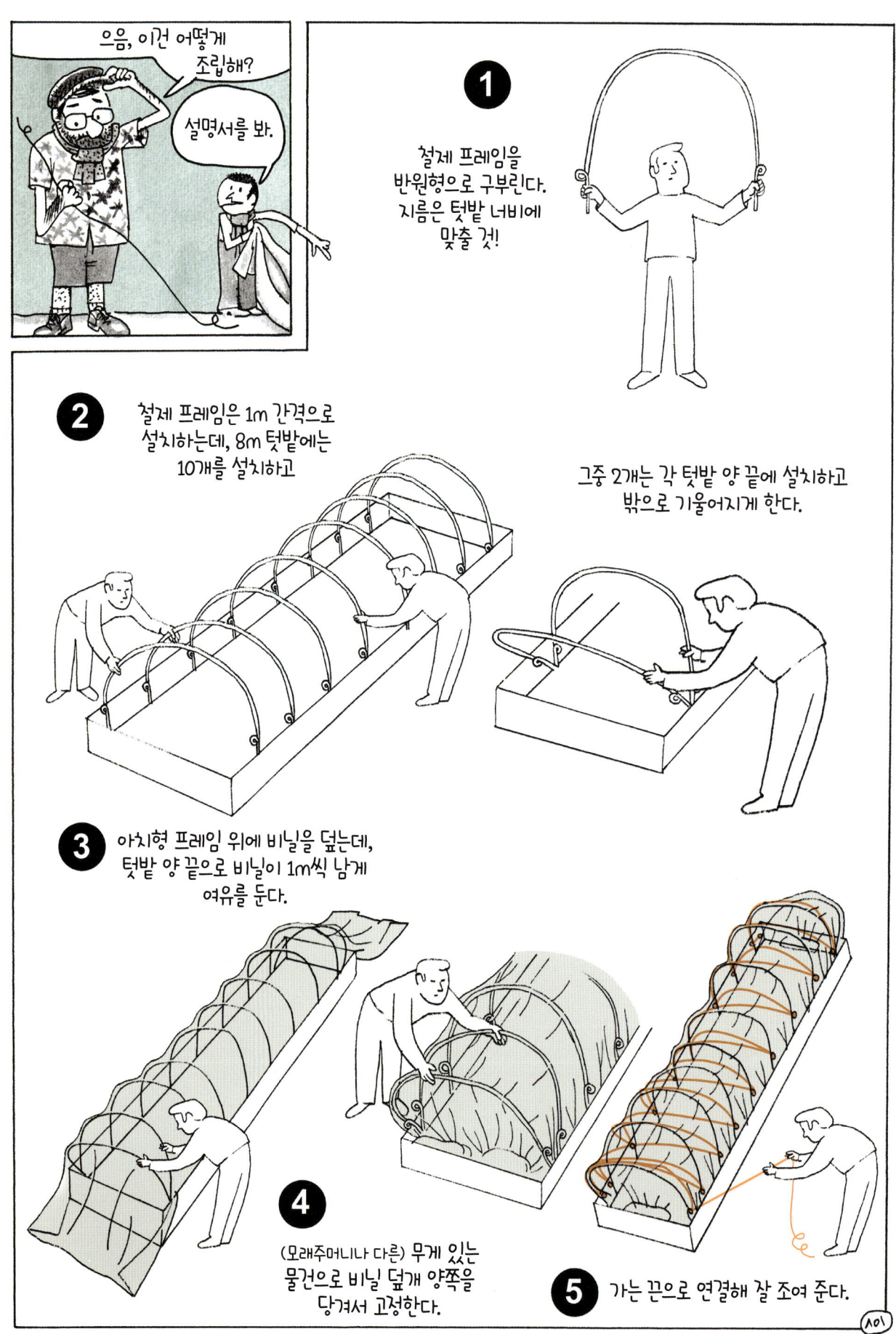

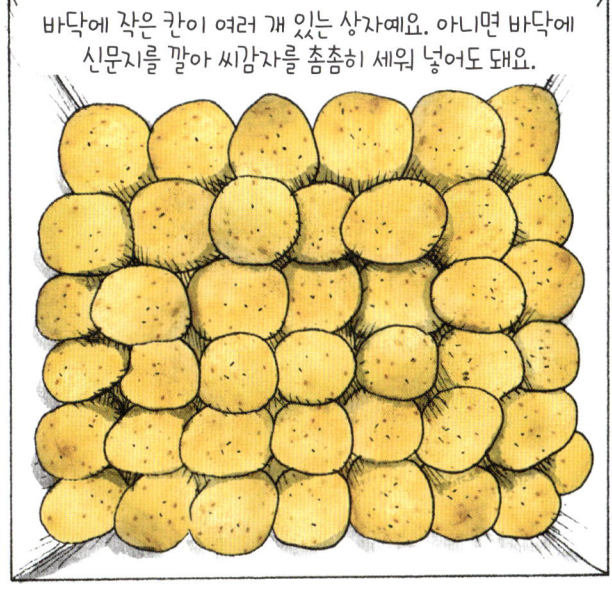

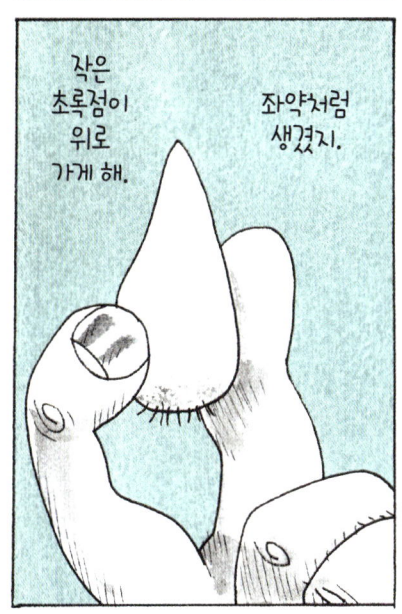

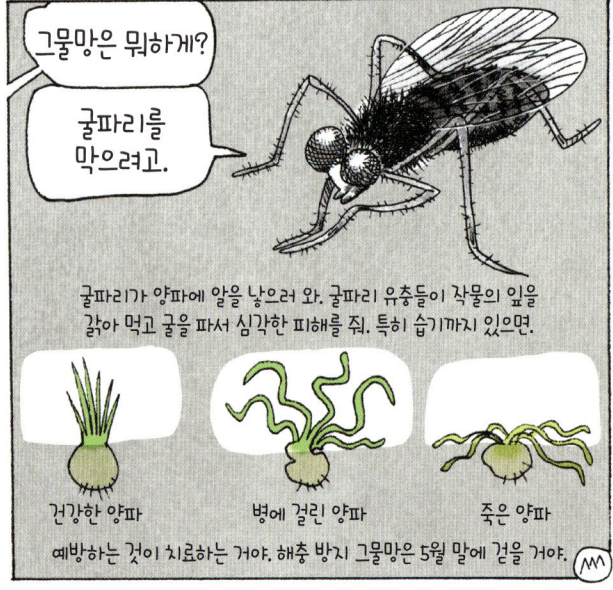

봄에 하는 일

126

퀴즈에 도전해 보세요!

채소 재배에 관한 질문에 정답을 찾아주세요! 질문과 같은 색실을 따라가면 정답이 나옵니다.

- 이른 봄에 텃밭에 작은 비닐하우스를 치는 것이 좋을까요?
- 왜 붉은 래디시는 파종할 때 간격을 넓게 두나요?
- 봄에 경운을 하면 잡초 제거 외에 어떤 장점이 있을까요?
- 봄에 파종하고 나서 혹은 어린 작물을 심고 나서 물을 줘야 할까요?
- 왜 잠두콩과 완두콩은 봄에 되도록 일찍 파종할까요?
- 누가 래디시를 차지하게 될까요?
- 봄에 밭을 갈아야 하나요?
- 당근 파종을 할 때, 고랑 너비를 넓게 하면 어떤 장점이 있을까요?
- 4월과 5월에 양파에 해충 방지 그물망을 씌워야 할까요?
- 이른 봄 텃밭을 다시 가꾸기 시작할 때 가장 큰 제약은 무엇일까요? 겨울 멀칭을 텃밭에 그대로 둬야 할까요?
- 3월 중순 조생종 감자를 심기 전에 유기질 비료를 보충해서 뿌려야 할까요?
- 작은 비닐하우스는 닫은 채로 둬야 할까요?
- 마늘은 가을에 심을 수 있을까요?
- 새로 심을 순무는 어떤 품종을 골라야 할까요?

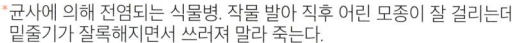

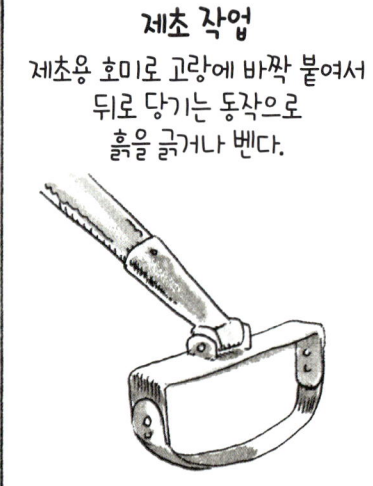

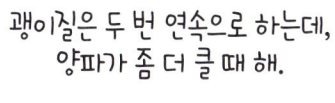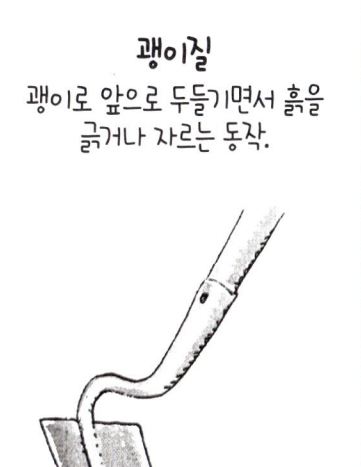

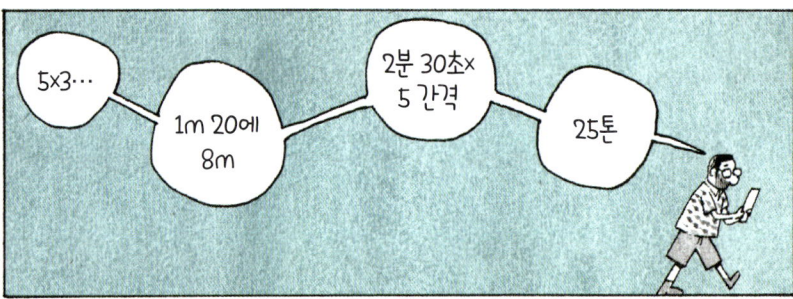

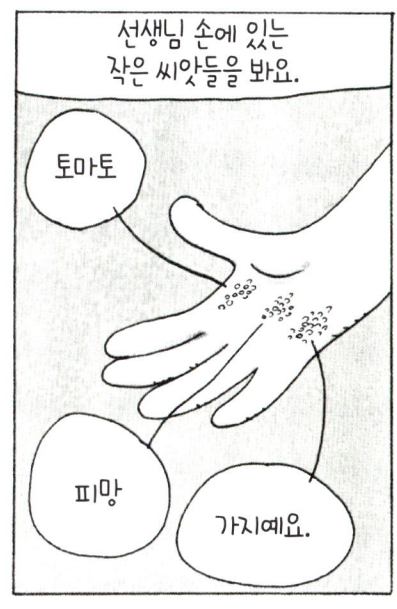

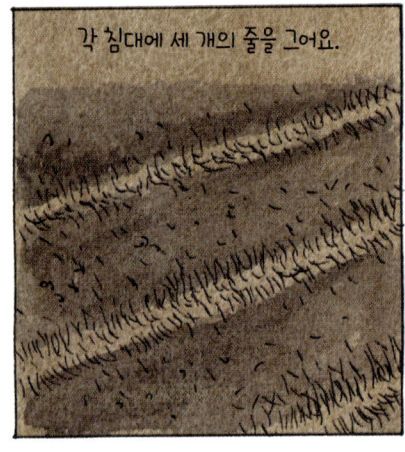

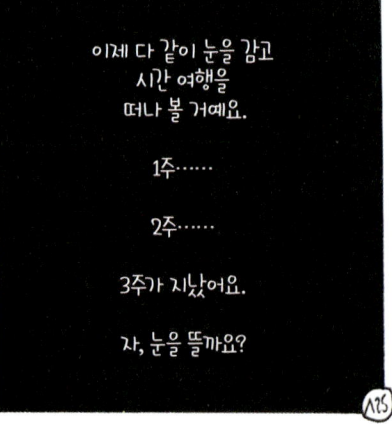

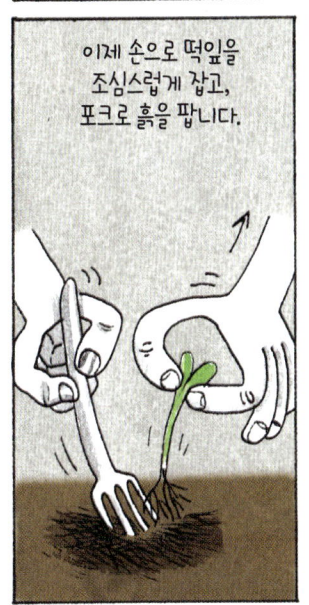

*크리스티안 로슈포르의 소설 제목

시즌 3
한창 바쁜 철

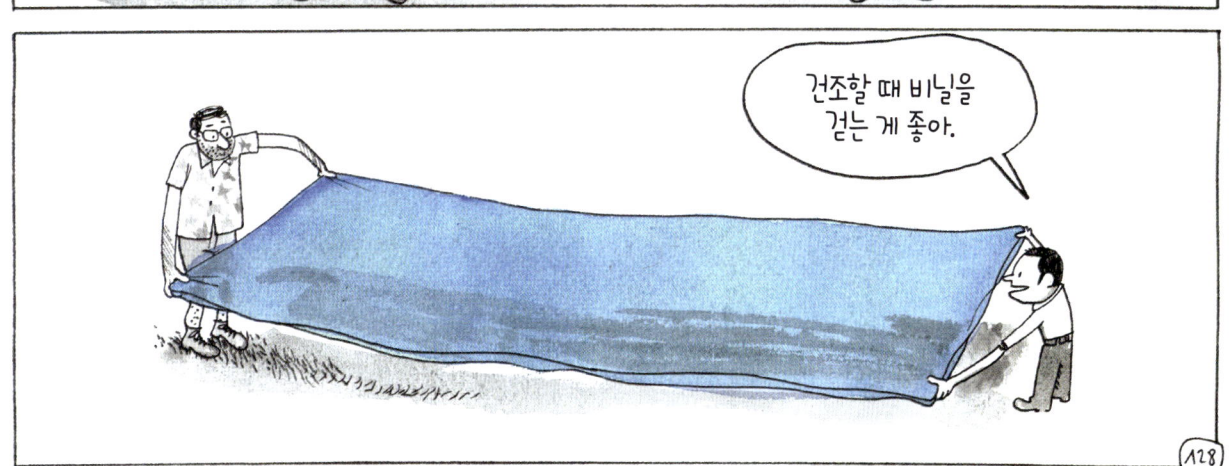

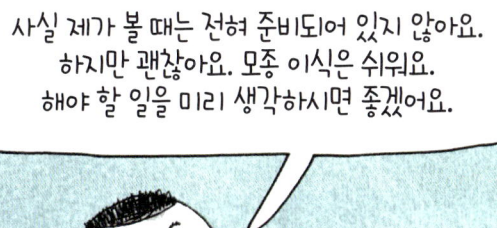

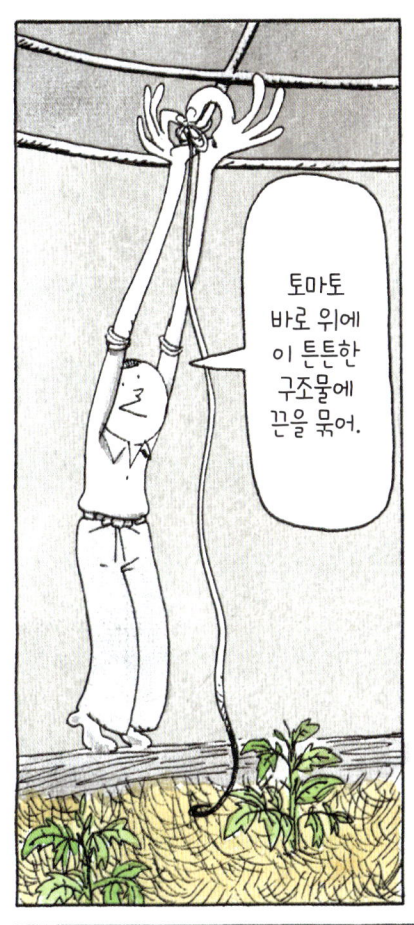

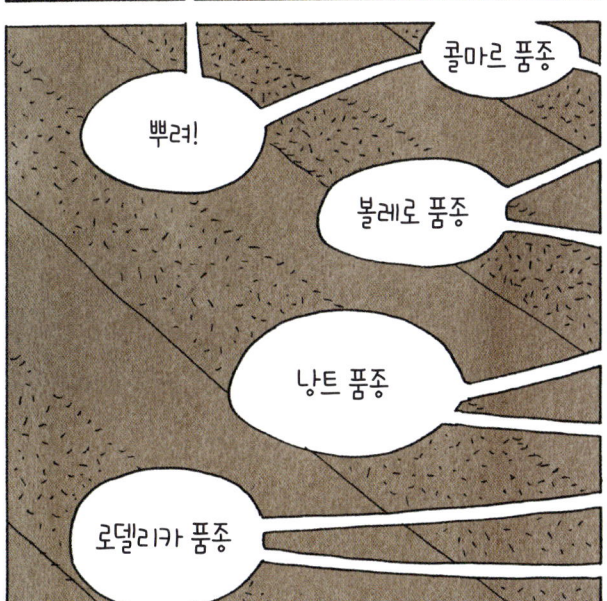

물 주기에서 가장 중요한 건 뭐야?

좋은 질문이야!

텃밭에 물을 주는 건 세 번은 꼭 해야 한다고 생각해.

첫 번째 물 주기는 파종할 때 꼼꼼하게 해야 해. 조금 전에 당근을 심을 때 해 봤잖아. 씨앗이 발아할 수 있도록 처음에 물을 줘야 해. 씨앗이 얇을수록 물을 정확하고 효과적으로 줘야 하지. 대개 얇은 씨앗들은 토양 표면에 뿌려지잖아. 완두콩이나 껍질콩처럼 씨앗이 큰 경우에는 여름에 천천히 줘도 돼. 토양이 시원해야 발아할 수 있어. 물을 너무 많이 주면 모잘록병에 걸릴 수 있어.

두 번째 물 주기가 중요한데, 어린 모종을 이식할 때 맨 뿌리가 힘들지 않도록 혹은 샐러드용 채소 모종의 촉촉한 상태가 유지되도록 물을 줘야 해. 처음에 시들지 않고 잘 자리 잡게 말이야.

세 번째 물 주기도 중요한데, 성장 중인 채소는 다 물을 줘야 해. 특히 비가 거의 오지 않거나 열기와 바람에 증산 작용이 가속화되는 경우라면 물을 충분하게 줘야 해.

물은 저녁에 주는 게 좋아. 더 효과가 있어.

물 주기는 진짜 제대로 하려면, 자주 주는 것보다 한 번에 풍부하게 주는 게 좋아. 게다가 멀칭까지 하면 토양에 수분이 저장돼서 아주 좋지!

예를 들어 토마토를 보자. 줄기마다 물뿌리개 두 개의 분량을 뿌리고 한 달 동안 오지 마. 그러면 매 저녁 물을 한 컵씩 주는 것보다 훨씬 효과가 좋아.

그래서 할 일도 줄어들지!

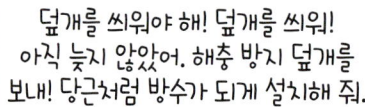

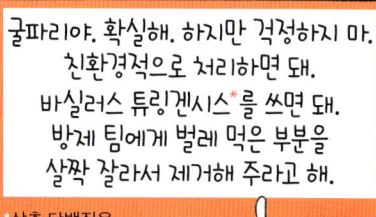

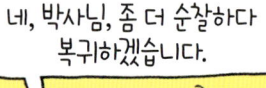

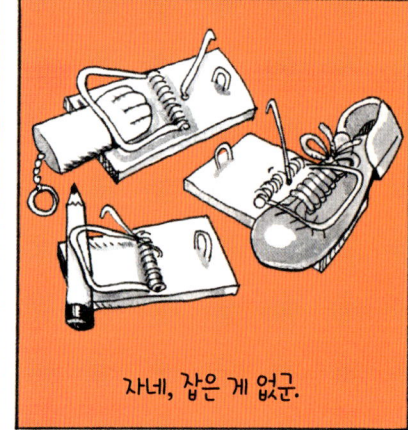

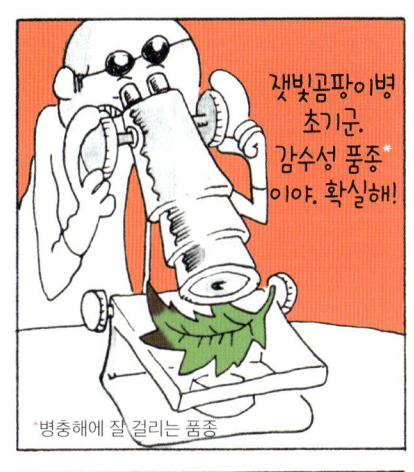

시즌 4
대단원

일 년이 흘렀다.
또 다른 한 해가 왔다. 분명히 지난해와 다를 것이다.
채소 재배자는 다시 텃밭을 준비한다.
지난가을 채소를 치우고, 그 자리에서 사용 가능한 식물 잔해와 유기농 퇴비를 토양에 뿌린다.
전체적으로 멀칭을 하며 월동 준비를 한다.
다시 일 년 뒤로 돌아간 것이다.
그러나 재배자의 취향과 새로운 욕구에 따라
텃밭은 좀 더 다양해지고, 풍성해질 것이다.
필요한 것을 좀 더 잘 예상할 것이다.
이미 아름다운 경험을 했으니까.

모든 뿌리는 둥글게 되거나 길어져서 흙 밖으로 드러나거나 덩이줄기가 돼.

몇몇 채소는 겨울옷을 입어서 서리가 내리는 기온에도 푸르름을 잃지 않지.

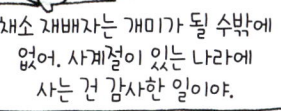

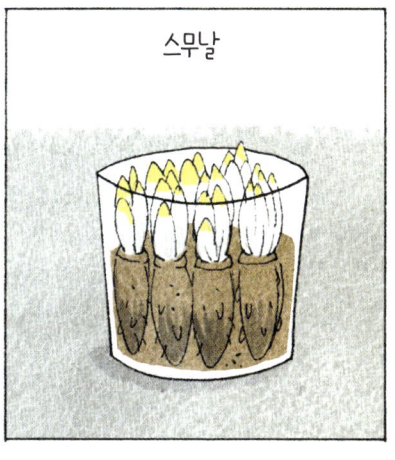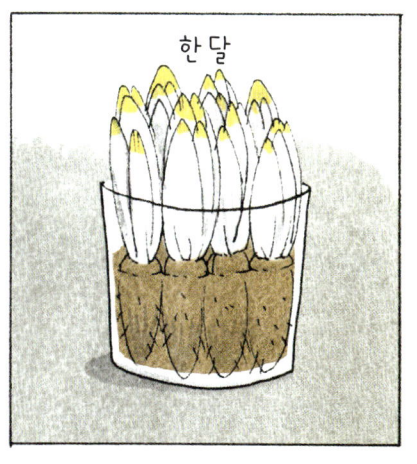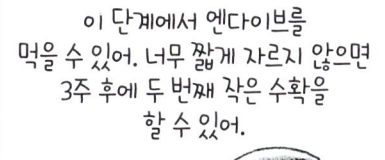

에필로그

로캉볼의 정원
Les Jardins Rocambole

뤽 비엥브뉘가 설립, 운영하는 '로캉볼의 정원'은 프랑스에서 가장 아름다운 정원 중 하나입니다. 프랑스 브르타뉴 지방의 중심 도시 렌에 있으며, 직접 채소를 재배하고, 방문자들이 견학할 수 있는 다양한 프로그램을 운영하고 있습니다. 유기적이고 친환경적으로 꾸며 2018년 프랑스 문화부에서 '주목할 만한 정원' 인증을 받았습니다.

홈페이지 https://www.jardinsrocambole.fr/

나만의 텃밭 가꾸기 **지은이** 뤽 비엥브뉘, 로랑 우쌩 **그린이** 로랑 우쌩 **옮긴이** 이정주 **발행인** 이상용 **발행처** 청아출판사 **출판등록** 1979. 11. 13. 제9-84호 **주소** 경기도 파주시 회동길 363-15 **대표전화** 031-955-6031 **팩스** 031-955-6036 **전자우편** chungabook@naver.com **발행일** 초판 1쇄 인쇄 · 2023. 7. 14. 초판 1쇄 발행 · 2023. 7. 24.

—

ISBN 978-89-368-1228-7 13590

—

값은 뒤표지에 있습니다. 잘못된 책은 구입한 서점에서 바꾸어 드립니다. 본 도서에 대한 문의사항은 이메일을 통해 주십시오.